ZUM BEISPIEL: WIR

Guido Erbrich (Hg.)

Zum Beispiel: Wir

Das neue Jugendgebetbuch

benno

Bibliografische Information der Deutschen Bibliothek

Die Deutsche Bibliothek verzeichnet diese Publikation
in der Deutschen Nationalbibliografie;
detaillierte bibliografische Informationen sind im Internet
über http://dnb.ddb.de abrufbar.

ISBN 3-7462-1797-0
2. Auflage

Stammerstraße 11, 04159 Leipzig
www.st-benno.de
Umschlag: Ulrike Vetter, Leipzig,
unter Verwendung eines Fotos von Irmela Goldmann
Gestaltung: Ulrike Vetter, Leipzig
Gesamtherstellung: Arnold & Domnick, Leipzig

Spurensuche

Durch dick und dünn

Wagnis Leben

Spurensuche

Du musst nicht über Meere reisen,
musst keine Wolken durchstoßen
und musst nicht die Alpen überqueren.
Der Weg, der dir gezeigt wird, ist nicht weit.
Du musst deinem Gott nur
bis zu dir selbst entgegengehen.

Bernhard von Clairvaux

Unglaublich

Ein junger Fisch schwamm in einem Korallenriff und fragte einen anderen Fisch, den er traf: »Entschuldigung, du bist älter und sicher weiser als ich. Sag mir, wo kann ich den großen Ozean finden? Ich habe vergeblich überall danach gesucht.«
»Der Ozean«, sagte der ältere Fisch, »ist das, worin du jetzt schwimmst.« »Das? Aber das ist ja nur Wasser. Ich suche den Ozean«, sagte der jüngere Fisch sehr enttäuscht und schwamm davon, um anderswo zu suchen.

GEBET

Gott, unser Vater,
nicht immer sehen wir das Ziel
klar vor Augen.
Wir folgen den Spuren, die wir sehen.
Die Spuren zeigen uns aber auch:
Wir sind nicht allein, du gehst mit,
auch wenn wir dich nicht sehen.
Wir treffen uns und teilen den Weg,
den Weg, den wir gemeinsam neu entdecken.
Und oft erkennen wir erst im Nachhinein,
dass du es warst, der mit uns ging,
der für uns das Brot zum Leben bereithielt.
So bitten wir dich: Führe uns Wege,
die zu dem Ziel führen, das du selber bist.
Amen.

KOMMISSAR IM DUNKEL

Oft weiß ich nicht,
wohin du mich führen willst, Herr.
Oft bin ich ratlos.
Ich stochere im Dunkel herum wie ein Kommissar,
der nicht weiß, wo er den Täter finden soll.
Ich surfe von einer Suchmaschine zur anderen,
doch auf meinem Display erscheinen nur Fehlermeldungen.
Von dir, Gott, keine Spur.

Dann habe ich keine Lust mehr, dich zu verfolgen.
Ich finde die Indizien nicht, die dich überführen.
Alle verschlungenen elektronischen Pfade
zeigen keinen Ausweg aus dem Datendschungel.
Ich hänge meinen Mantel an den Nagel
und schalte den Computer aus.

Wenn du mich doch hören solltest,
dann schicke mir einen Menschen,
der mir hilft, dich wiederzufinden.
Der mir zuhört und dem ich zuhören kann.
Der mit mir schweigt und mit dem ich schweigen kann.
Der mir vertraut und dem ich vertrauen kann.
Der mir glaubt und mit dem ich glauben kann.

Schicke mir einfach einen Menschen,
der sich mit mir auf die Suche macht.
Schicke mir einen Freund,
in dem ich dir begegnen kann.

GLAUBE – HOFFNUNG – LIEBE

Diese drei Kräfte schenkt Gott uns Menschen,
sie tragen unser Leben,
und das eine ist nicht ohne das andere.
Denn gäbe es die Liebe nicht,
dann hätte ich keine Hoffnung.
Nur wenn ich liebe, öffne ich mein Herz
und den Blick für die kommende Zeit.

Wider alle Hoffnungslosigkeit glaube ich,
dass alles einen Sinn macht und dass du, Gott, mich trägst.

Denn Glauben heißt nicht wissen,
sondern vertrauen, dass es gut wird.
Aus tiefstem Glauben und Vertrauen kann Liebe wachsen,
Liebe zu mir selbst und zu meinem Nächsten.
Zweifel ist kein guter Nährboden,
doch weiß ich nicht, was kommen wird,
ich kann nur vertrauend hoffen …

**Gott ist so groß, dass es wohl wert ist,
ihn ein Leben lang zu suchen.**

Teresa von Ávila

Teresa von Ávila (1515–1582): spanische Karmelitin, Mystikerin, Reformerin, Klostergründerin, Theologin. Das Gebet nannte sie einen »freundschaftlichen Austausch, bei dem wir uns still mit dem unterhalten, von dem wir wissen, dass er uns liebt«.

Mit Gott sprechen

Ein Bauer war eines Abends mit seinem Karren auf dem Weg nach Hause. Da merkte er, dass er sein Gebetbuch zu Hause vergessen hatte. Zu allem Unglück brach mitten im Wald ein Rad seines Wagens, und betrübt stellte er fest, dass dieser Tag nun vergehen würde, ohne dass er sein Nachtgebet verrichtet hätte.

Also begann er zu beten: »Herr, ich habe etwas sehr Dummes getan. Heute früh bin ich ohne mein Gebetbuch von zu Hause fortgegangen. Und ich habe ein so schlechtes Gedächtnis, dass ich kein einziges Gebet auswendig sprechen kann. Deshalb werde ich fünfmal langsam das gesamte Alphabet aufsagen, und du, der du ja alle Gebete kennst, kannst dir all die Buchstaben nehmen und dir daraus die Gebete machen, an die ich mich nicht erinnern kann.« Und so geschah es, der Bauer sagte fünfmal das Alphabet auf, und am Abend sagt Gott, der dies gehört hatte, zu seinen Engeln: »Zweifellos ist dies das schönste und beste Gebet, das ich heute gehört habe, weil es aus einem ehrlichen und einfachen Herzen zu mir gesprochen wurde.«

Chassidische Geschichte

WIE MIT DIR SPRECHEN?

Wie dürfen wir mit dir sprechen?
Sollen wir die alten Formeln benutzen,
Texte, seit Jahrhunderten in Gebetbüchern gedruckt?
Sollen wir mit Worten
von Heiligen und Dichtern reden
oder die heiligen Schriften zitieren?
Vielleicht verstehst du ja Latein viel besser?
Oder dürfen wir auch mit den Worten kommen,
die sagen, was unter unsern Nägeln brennt,
die nicht immer ganz druckreif sind,
die »auskotzen« auch sagen, wenn sie es meinen,
und »cool«, wenn sie es so finden?
Die mal hip sind und mal down
und niemandem was vormachen wollen.
Fromme Worte, die versuchen, ehrlich zu sein,
mit dir und mit uns.

LANGE NICHT MEHR GEBETET

Lieber Gott!
Ich habe lange nicht mehr gebetet,
denn ich hielt es für Aberglauben oder Kinderkram.
Ich weiß auch nicht, warum ich es jetzt gerade tue,
und auch nicht, ob es überhaupt richtig ist,
dass ich bete und wie ich bete.
Ich habe so viel auf dem Herzen
und möchte es niemandem sagen außer dir.
Du kennst mich vielleicht besser als ich mich selbst.
Oft denke ich, dass keiner mich richtig versteht.
Und manchmal bin ich mir selbst ein Rätsel.
Lieber Gott, kannst du mir nicht einen Weg zeigen?
Einen Weg, der mich zu dir und zu mir selber führt.
Kannst du mir nicht immer wieder den Mund öffnen,
damit ich mich getraue, mit dir zu sprechen, ehrlich und frei.
Kannst du mir nicht Mut machen,
so zu sein, wie ich wirklich sein möchte.
Wer, wenn nicht du, sollte mich verstehen?

LEHRE MICH BETEN

Vater, ich rede im Gebet viel von mir
und höre dir nicht zu.
Ungeduldig warte ich auf die Erfüllung meiner Wünsche
und habe keine Augen für all das,
was du mir an Gaben geschenkt hast.

Hast du nicht ein Netz für meine Gebete, Vater?
Ein Netz, in dem alle Bitten und Wünsche hängen bleiben,
die eigennützig sind oder mit ein wenig Anstrengung
auch von mir selbst erfüllt werden könnten.

Lass dieses Netz bitte durchlässig sein
für all die Ängste und Nöte,
wo ich dich wirklich brauche,
wo ich es nicht mehr aushalte,
wo ich anderen helfen will und nicht weiß wie,
dann mach es durchlässig für mich und für andere.

Lass nicht zu, dass ich dich nur
als Wunschzettelempfänger missbrauche.
Wenn ich für die Hungernden bete,
schenke mir die Bereitschaft, mit ihnen zu teilen.
Wenn ich für Kranke bete,
lass mich Zeit finden, mich an ihr Bett zu setzen.
Wenn ich für den Frieden bete, nimm von mir Zorn und Hass.

Könnten meine Gebete nicht ein Fahrstuhl sein,
der mich zu dir emporträgt,

der alle finsteren Gedanken,
alle Bosheit und alles Falsche
zurücklässt und mich dort ankommen lässt,
wo ich die verändernde Kraft der Liebe
selbst sein kann?

Dann werden meine Gebete zu einer Umarmung,
die dich umfängt und dir ein Dankeschön entgegenschmettert,
das sich gewaschen hat.
Dann werde ich die Welt nicht nur durch meine Brille sehen,
sondern mit neuen Augen deine Schöpfung schauen.

Dann werde ich merken, dass du mir so vieles geschenkt hast,
dass ich damit beginnen kann,
diese Welt ein wenig besser zu machen, als sie ist.
Ich brauche nur den Schlüssel, der dieses Tor öffnet.

Lass mich diesen Schlüssel finden.
Dass ich beim Beten nicht nur dich,
sondern auch mich fordere.
Und mich in deiner Hand geborgen weiß.
Mit diesem Schlüssel kann ich das Tor dann mit dir öffnen.
Und warte nicht, damit wir anfangen können!

**Mit meinem Gott überspringe ich Mauern,
und wenn ich mich Zentimeter für Zentimeter
darüberkämpfen muss.**

Andrea Schwarz

TIPPS, WIE DU BETEN KANNST

Beten ist einfach. Teile Gott dein Leben mit.
Deine Ängste, deine Hoffnung, deine Wünsche.
Frage an und zweifle. Zeige dich, wie du bist.
Gott kennt dich, du musst ihm nichts vormachen.

Beten ist Stille. Du brauchst keine Angst vor ihr zu haben.
Schweige einfach – denn gerade in der Stille
kannst du Gott oft einfacher finden, als du denkst,
und dabei zu dir selbst kommen.

Beten ist Rhythmus. Versuche regelmäßig zu beten.
Das kannst du überall, zu jeder Zeit.

Beten ist Wiederholung. Dir muss nicht jeden Tag etwas
Neues einfallen. Gebet braucht keinen Leistungsdruck.
Wenn dir ein Gebet gefällt, nimm es dir öfter vor
oder bete bekannte Gebete. Es ist oft überraschend,
wieviel sich darin entdecken lässt.

Beten ist Gemeinschaft. Auch wenn du ganz allein
auf einem Felsen betest. Zur gleichen Zeit beten
unzählige Menschen auf der ganzen Welt.
Habe auch Mut, mit Freunden gemeinsam zu beten.
Beten verbindet und schafft Vertrauen.

GEBETSSEUFZER

Zum Rabbi Isaak kam eines Tages ein Schuster und fragte: »Rabbi, sage mir, wie ich mein Morgengebet verrichten soll. Meine Kunden sind arm. Sie besitzen nur ein paar Schuhe, und so bringen sie sie am Abend, und ich arbeite die ganze Nacht, bis sie zur Arbeit gehen. Deshalb sage mir, wie soll ich denn mein Morgengebet verrichten?«
»Wie hast du es denn bisher gemacht?«, fragte Rabbi Isaak.
»Nun, manchmal bete ich gar nicht. Da fühle ich mich nicht wohl und mir fehlt etwas. Wenn ich dann die Schuhe flicke, höre ich mich seufzen: Wie unglücklich bin ich, dass ich nicht einmal mein Morgengebet verrichten kann.«
Der Rabbi strich sich den Bart und sagte: »Mein Lieber, wenn ich Gott wäre, würde mir dein ehrlicher Seufzer mehr wert sein als das Gebet.«

Chassidische Geschichte

Gott wird nicht größer, wenn du ihn verehrst; aber du wirst größer und glücklicher, wenn du ihm dienst!

Augustinus

Augustinus (354–430) lebte in Numidien (heute Algerien). Er war einer der größten Theologen der Kirchengeschichte, gehörte einer Straßenbande an, studierte, war Professor und Vater eines unehelichen Kindes. Nach seiner Bekehrung zum Christentum wurde er Priester und Bischof.

Sehnsucht

Vor vielen hundert Jahren lebte in Krakau ein armer Jude. Eines Nachts träumte ihm, er solle nach Prag gehen. An der Brücke über der Moldau solle er graben, dann würde er einen Schatz finden. Und weil er es dreimal hintereinander träumte, packte er sein Bündel und wanderte los. In Prag angekommen, sah er sofort, dass es unmöglich war, hier zu graben. Über die Brücke zogen Kaufleute mit ihren Waren, Bauern zogen ihre Karren darüber, und dazwischen liefen Frauen mit Körben und spielende Kinder. An den Brückentoren standen Soldaten, die dieses ganze Getümmel überwachten. Diesen fiel der arme Jude auf, wie er so Tag für Tag dastand und überlegte, wo er denn nun graben solle.
»Was machst du hier«, fuhren sie ihn an, spionierst du oder bist du gar ein Dieb? Scher dich fort.«
Da erzählte er seinen Traum. Der Hauptmann lachte. »Seinen Träumen trauen, wo gibt's denn so was. Ich träume schon wochenlang, ich solle nach Krakau wandern und unter dem Ofen eines armen Juden graben. Dort soll ein Schatz liegen.« Der arme Jude bedankte sich, wanderte schnurstracks zurück nach Krakau, grub unter seinem Ofen und fand den Schatz. Grabe nicht woanders. Grabe bei dir.

Chassidische Geschichte

Wir sind Suchende –
suchend nach einem Sinn.
Lass uns hinter so vielen Schlagzeilen
und Phrasen dein Wort finden.

Wir sind Hoffende –
hoffend auf ein Zeichen.
Lass uns zwischen den vielen bunten Alltagsbildern,
Ampeln und Werbeplakaten deine Gegenwart spüren.

Wir sind Wissbegierige –
wissen wollend von deiner Person und Macht.
Lass uns begreifen, dass du ein Geheimnis bist
und wir dich ein Leben lang suchen müssen.

Willst du ein Schiff bauen,
so rufe nicht Menschen zusammen,
um Pläne zu machen, Arbeit zu verteilen,
Werkzeug zu holen und Holz zu schlagen,
sondern lehre sie die Sehnsucht
nach dem weiten, endlosen Meer.
Antoine de Saint-Exupéry

AUFBRUCH

Brich einfach auf.
Auch wenn es wieder 1000 gute Gründe zum Aufschieben gibt. Beginne den Weg Schritt für Schritt.
Sei unterwegs mit Leib und Seele und mit ganzem Herzen.

Grenz dich nicht ein.
Auch wenn du glaubst, das Ziel rückt dadurch weiter weg. Habe Achtung vor Menschen, für die Schöpfung, für Gott und dich. Öffne dich, und der Weg wird dich verändern.

Triff ruhig Entscheidungen.
Es ist schwer, zu vielen Zielen zu folgen. Wäge ab und gib manches auf. Entscheide dich in Freiheit, und du erfährst Grenzenlosigkeit.

Teile deine Sehnsucht mit anderen.
Verfalle nicht in Routine. Lass dich nicht entmutigen. Gönne dir Pausen und frag auch mal nach dem Weg, und du wirst nicht allein bleiben.

Sammle auf dem Weg
alles, was dich stark und liebenswert macht.
Sei großzügig mit deinen Talenten und Gaben.
Mach anderen Mut zum Aufbruch.
Bring Hoffnung in die Welt, und du wirst ankommen.

Drei Bauarbeiter waren dabei, Steine zu behauen, als ein Fremder zu ihnen trat und den ersten Arbeiter fragte: »Was tun Sie da?« »Sehen Sie das denn nicht?«, meinte der und sah nicht einmal auf. »Ich behaue Steine!« »Und was tun Sie da?«, fragte der Fremde den zweiten. Seufzend antwortete der: »Ich muss Geld verdienen, um für meine Familie Brot zu beschaffen. Meine Familie ist groß.« Der Fremde fragte auch den dritten: »Was tun Sie da?« Dieser blickte hinauf in die Höhe und antwortete leise und stolz: »Ich baue einen Dom.«

Niemand besitzt Gott so,
dass er nicht mehr auf ihn warten müsste.
Und doch kann niemand auf Gott warten,
der nicht wüsste, dass Gott schon längst
auf ihn gewartet hat.

Dietrich Bonhoeffer

Dietrich Bonhoeffer (1906–1945), evangelischer Theologe; leistete aktiv gegen die Barbarei des III. Reiches Widerstand. Ihn bewegte die Frage nach der »Wirklichkeit Gottes in dieser Welt«. Die Begegnung mit kirchlich nicht gebundenen Widerstandskämpfern, die das Rechte taten, während viele Christen passiv blieben oder Mitläufer waren, führte ihn zu der Annahme, dass auch eine »nicht religiöse« oder »weltliche« Interpretation der Botschaft Jesu möglich ist. »Die Wirklichkeit des Glaubens erweist sich auch im rechten Tun.« 1943 wurde Bonhoeffer verhaftet. Kurz vor Kriegsende wurde er im KZ Flossenbürg auf Befehl Hitlers erhängt.

DIE BLAUE AMPEL

Man erzählt sich, die Ampel auf dem Domplatz in
Mailand stellte eines Tags all ihre Lichter auf blau.
Soll man gehen? Soll man stehn? Soll man fahren
oder warten? Was soll blau nur bedeuten?
Daraus wurde keiner schlau!

Dieses Blau war noch schöner als der Mailänder Himmel.
Wie die Tinte des Dichters für ein Frühlingsgedicht.
Wie ein Kirchenglasfenster, von der Sonne erleuchtet.
Lapislazuliblau mit etwas Wasser vermischt.

Doch die Leute verfluchten das Verkehrsministerium,
die Regierung, die Uno, überhaupt diese Welt.
Ein Verkehrspolizist blies die Pfeife und tobte.
Und ein Andrer hat schnell ihren Strom abgestellt.

Doch bevor sie erlosch, dachte die blaue Ampel:
»Ach, ihr Armen, sicher hat euch noch keiner erzählt,
blau bedeutet: Die Straße ist jetzt frei in den Himmel.
Wenn ihr wollt, könnt ihr fliegen, falls der Mut euch
nicht fehlt.

Gerhard Schöne
nach einer Idee von Gianni Rodari

»WIRKLICHKEIT«

Ich fühle mich wie im Märchenland.
Mein Leben ist verzaubert,
wenn ich an dich denke.
Die Welt leuchtet
in dem besonderen Licht,
das du verbreitest.
Beinahe sehe ich einen Heiligenschein um dich.

Meine Freunde lächeln über mich,
und dann frage ich mich, was mit mir los ist.
Das bringt meine Wunderwelt ins Wanken,
und alles rückt wieder an seinen richtigen Platz.
So sagen meine Freunde wenigstens
und meinen damit ihre Wirklichkeit.

Aber ich frage mich weiter, was die Wirklichkeit ist.
Menschen, die aufgegeben haben,
die nicht mehr träumen und hoffen,
die nicht mehr an ein Paradies glauben,
die den Zauber im Täglichen nicht sehen,
wissen sie, was Wirklichkeit ist?

Vielleicht reden wir mehr von Wirklichkeit,
wenn wir den Mut und die Sehnsucht verloren haben,
Liebe, Glaube und Hoffnung am Leben zu erhalten.

Andrea Schwarz

WIE DER REGENBOGEN

Wenn es regnet und die Sonne scheint,
steht der Regenbogen der Sonne entgegen.
Er ist das bunte Licht, das Begeisterung weckt.
Staunend stehen wir vor ihm.
Können uns nicht satt sehen.
Doch das Licht des Regenbogens
ist nur der Widerschein des Sonnenlichtes,
Licht von Tausenden einzelnen Regentropfen verwandelt,
verzaubert, in Farbe getaucht.

Vater, lass mich wie ein Regentropfen sein,
öffne mich für das strahlende Licht,
durchfließe mich und lasse mich erstaunen,
lass mich selbst erstrahlen in meinen Farben,
die ich doch dir verdanke.

Vater, lass uns Glaubende wie ein Regenbogen sein,
die deine Liebe in die Welt hineinspiegeln,
lass uns diese Welt verwandeln und bezaubern
und in verschiedene Farben tauchen,
wenn wir – so wie wir von dir gewollt sind –
deine Liebe weiterschenken.

GOTT SCHENKT LEBEN UND KREATIVITÄT

Musik ist Farbe nach Noten. Ich kann
sie hören, kann sie sehen, kann sie fühlen tief in mir.
Musik ist Farbe nach Noten.
Gott malt mein Leben mit ihr.

Wenn ich morgens erwach', hör' ich ein Lied in mir.
Es begleitet mich durch den Tag.
In mir singt die Stimme meines Herzens
in allen Farben, die es geben mag.

Es gibt Tage, da ist alles grau nur und leer,
dann ist in mir alles ganz still.
Ich sehn' mich nach einem, der Farbe bringt
und mein Herz ein neues Lied lehren will.

Ob ich singe oder tanze, mein Leben ist bunt,
und Gott gibt den Takt dazu an.
Aus vielen Tönen erschafft er ein Lied,
malt mit mir Bilder, dass ich leben kann.

Sabine Bley

GEBET DES NASHORNS

Lieber Gott, du bist der Boss.
Amen, dein Rhinozeros.

Harry Rowohlt

DIE FARBEN DES LEBENS

Vater, du kennst unser Leben, das oft so farblos ist. Du weißt, wieviel Eintönigkeit und Alltagsgrau es da gibt. Darum bitten wir dich, bringe Farbe in unser Leben. Wir bitten dich um die Farben des Lebens, damit unser Leben mit dir und den Menschen besser gelingen kann.

Schenke uns Augen für das **Gelb** des Lichtes, für das Gelb der strahlenden Sonne. Damit die Dunkelheiten erhellt werden, die sich um uns und in unserer Welt breit machen.

Lass uns das **Orange** der Wärme fühlen. Damit alles Unterkühlte, alles Kalte und Hartherzige zum Schmelzen gebracht wird.

Vater, schenke uns vom **Grün** des Lebens, damit all das lebendig wird, was welk und tot zu sein scheint. Gib uns vom Grün der Hoffnung gegen alles, was lähmt und mutlos macht, damit wir hoffen können, auch wenn alles dagegen spricht.

Lass uns das glühende **Rot** deiner Liebe erfahren, dass wir feurig leben, andere anstecken und begeistern. Damit wir Feuer und Flamme sind für dich und deine Schöpfung.

Tauche uns in das **Blau** des Himmels und der Erde, in das Königsblau des Glaubens und der Treue, um fest unsere Lebensentscheidungen zu leben.

Schreiben Sie uns und gewinnen Sie!

Unter allen Einsendern werden 4 mal im Jahr 20 Bücher-Gutscheine im Wert von € 50,- verlost!

Liebe Leserin, lieber Leser,

gern informieren wir Sie regelmäßig über das aktuelle Angebot des St. Benno-Verlages. Schicken Sie uns einfach die ausgefüllte Karte zurück oder senden Sie diese per Fax. Wenn Sie die umstehenden Fragen beantworten, können Sie uns helfen, die Wünsche und Anregungen unserer Kunden noch besser zu berücksichtigen. Ich stehe Ihnen gern für Fragen telefonisch unter 0180/346 7777 zur Verfügung.

Es grüßt Sie aus dem St. Benno-Verlag

Ihre Ingrid Dlugos

Ingrid Dlugos, Verlagsleiterin

service@st-benno.de · www.st-benno.de

Bitte per Post senden oder per Fax: 0341/46 777-40

Porto zahlt Empfänger

ANTWORT

ST. BENNO-VERLAG
– Frau Dlugos –
Stammerstraße 11
04159 Leipzig

Schenk auch einen Klecks vom **Violett** der Buße und lass uns Wege finden, die zur Umkehr und zum Neuanfang führen.

Und, Vater, gib uns auch vom **Schwarz** der Nacht und des Todes, damit wir uns einstimmen auf all die Abschiede, die zu unserem Leben gehören bis zum Schluss.

Wir bitten dich auch um das **Weiß** des Unberührten und des Neuen. Damit wir offen sind für dich und für das, was du mit uns beginnen willst.

Vom **Braun** der Erde bitte auch eine Handvoll, damit wir bodenständig, erdverbunden und ausdauernd sind und im Glauben an dich unsere Wurzeln Wasseradern finden.

Schenke uns ganz zum Schluss ein wenig vom leuchtenden **Gold** der Sterne, vom glänzenden Gold der Ewigkeit und lass uns in allem, was kostbar ist, dich erkennen und verehren.

Vater, schenke uns Sinne für alle Farben, damit unser Leben bunt und schön wird. Zeige uns ab und zu einen farbenprächtigen Regenbogen, damit wir wissen:
Du bist da. Du Meistermaler der Schöpfung, bringe Farbe in unser Leben heute und in Ewigkeit. Amen.

Vertraut

Zwei Mönche hörten, es gäbe einen Ort, wo Himmel und Erde sich berühren. Wer an diesen Ort gelangt, finde alles Glück des Himmels und der Erde. Er brauche nur die Tür zu öffnen, die an diesem Orte steht.
So machten sie sich auf den Weg, diesen Ort zu suchen. Sie wanderten durch Schluchten, über Berge, durchquerten Wüsten und durchschwammen Flüsse. Sie kamen durch Steppen und wanderten durch riesige Wälder. Sie wanderten wochen-, monate-, jahrelang, und endlich schienen sie gefunden zu haben, was sie suchten.
Sie standen vor einer niedrigen Holztür, neigten ihre Köpfe und traten erwartungsvoll ein. Als sie aufschauten, fanden sie sich in der Klosterzelle wieder, die sie vor Jahren verlassen hatten.

Es gibt keine größere Kraft als die Liebe.
Sie überwindet den Hass
wie das Licht die Finsternis.

Martin Luther King

Martin Luther King (1929–1968): Bürgerrechtler, Baptistenprediger, Friedensnobelpreisträger. Setzte sich für die Gleichberechtigung von Schwarz und Weiß ein. Von Ghandi übernahm er die Idee des gewaltfreien Widerstands. 1968 wurde er von einem weißen Attentäter erschossen.

UMWEGE

Ich mache mich auf, um die Mitte zu finden,
das Ziel meines Lebens.
Wenn ich es sehen kann,
ist der Weg dahin gerade und leicht.
Aber auf Umwege wird mein Schritt geführt.

Mein Gott, wie viele Biegungen liegen noch vor mir?
Manchmal glaube ich, am Ziel zu sein.
Dann wieder stehe ich fast am Anfang.
Zögernd taste ich mich voran.

Ich erfahre: Jede Umkehr bringt mich dir näher,
kein Schritt ist vergeblich vor dir.

Ehe ich es verstehe,
liegt die neue Spur für mein Leben vor mir.

SIEBEN KOMISCHE FÜRBITTEN

1 **Hilf uns, Träumer zu werden.**
Die nicht aufwachen und aufgeben,
sondern losgehen
und dem Traum von einer gerechteren Welt folgen.

2 **Hilf uns, Streiter zu werden.**
Die nicht unfair werden und foulen,
sondern geradeheraus eine ehrliche Meinung
vertreten und sie auch durchzusetzen versuchen.

3 **Hilf uns, Propheten zu werden.**
Die keine Phrasen dreschen und dröhnen,
sondern mit allen Sinnen die Gegenwart spüren
und herausrufen, wo es brennt.

4 **Hilf uns, Künstler zu werden.**
Die nicht einfach irgendwelche Kleckse fabrizieren,
sondern das, was sie von dir spüren, so verwandeln,
dass anderen die Augen und Ohren aufgehen.

5 **Hilf uns, Liebende zu werden.**
Die nicht nur Spaß und Lust wollen,
sondern durch dick und dünn mitgehen
und das Leben mit anderen teilen.

6 **Hilf uns, Tröster zu werden.**
Die keine billigen Pflaster verteilen,
sondern Leid aushalten und mitweinen können,
ohne die Hoffnung zu verlieren.

7 **Hilf uns, Priester zu werden.**
Die nicht nur Texte vollmundig lesen,
sondern dein Wort mit Leben füllen
und deine Gegenwart feiern.

GOTT SEI DANK

Meine Mutter sagt:
Du bist zu klein.

Der Lehrer meint:
Du bist schwer von Begriff.
Der Pfarrer schimpft:
Du bist verdorben.

Meine Kameraden lachen:
Du hast verloren.
Der Berufsberater weiß:
Du bist nicht geeignet.
Der Meister bestimmt:
Der andere ist besser.

Der Leutnant brüllt:
Du hast keine Haltung.

Gott sagt:
Du bist mir ähnlich.

Gott sei Dank!

FINGERABDRUCK

Davor kann ich nicht zurück.
Das ist eindeutig.
Durch ihn bin ich einmalig.
Ich bin nicht irgendwer.
Ich bin ich.
Ich bin geprägt,
nicht nur in meinem Fingerabdruck,
auch in meinen Gesten, Bewegungen, meinem Gesicht,
meinem Charakter – das heißt: »Eingegrabenes«;
geprägt durch das, was war ...
Freude, Liebe, Glück, Freundschaft,
Schuld, Enttäuschung, Schmerz, Einsamkeit.

So, wie ich bin, kennt mich Gott:
Mit all meinen Tränen und meinem Lachen,
meiner Güte und meiner Trägheit,
meiner Zuversicht und meiner Angst.

So, wie ich bin, nimmt er mich an,
liebt er mich,
gibt mir täglich neu die Chance,
aus meinem Leben etwas zu machen und neu anzufangen.
Grund genug, Ja zu sagen zu dieser Prägung Mensch.
Daraus erwächst Mut,
das notwendige Ja und das notwendige Nein zu sagen
und nach dem Gewissen zu handeln,
Eindrücke und Abdrücke zu hinterlassen.

Geh nicht nur die glatten Straßen!
Geh Wege, die noch niemand ging.
Damit du Spuren hinterlässt
und nicht nur Staub.

Sprichwort

SEGEN

Gott,
sei *über uns* und segne uns,
sei *unter uns* und trage uns,
sei *neben uns* und stärke uns,
sei *vor uns* und führe uns.

Sei du
die *Freude*, die uns belebt,
die *Ruhe*, die uns erfüllt,
das *Vertrauen*, das uns stärkt,
die *Liebe*, die uns begeistert,
der *Mut*, der uns beflügelt.

Durch dick und dünn

Wir sollen durch die Welt ziehen
und die Menschen mehr durch unser Beispiel
als durch unsere Worte ermahnen.

Franz von Assisi

Ausgepowert

Jesus Christus sagte, er sei noch nie bei einem Fußballmatch gewesen. Also nahmen meine Freunde und ich ihn zu einem Spiel mit. Es war eine wilde Schlacht zwischen den protestantischen Boxern und den katholischen Kreuzfahrern.
Die Kreuzritter erzielten das erste Tor. Jesus schrie laut Beifall und warf seinen Hut in die Luft. Dann waren die Boxer vorne. Und Jesus spendete wild Beifall und warf seinen Hut in die Luft. Das schien den Mann hinter uns zu verwirren. Er klopfte Jesus auf die Schulter und fragte: »Für welche Partei brüllen Sie, guter Mann?«
»Ich«, erwiderte Jesus, den mittlerweile das Spiel sichtlich aufregte, »oh, ich brülle für keine Partei. Ich bin bloß hier, um das Spiel zu genießen.« Der Fragende wandte sich seinem Nachbarn zu und feixte. »Hm, ein Atheist!«
Auf dem Rückweg klärten wir Jesus über die Lage der Religionen in der heutigen Welt auf. »Fromme Leute sind ein komisches Volk, Herr«, sagten wir, »sie scheinen immer zu denken, Gott sei auf ihrer Seite und gegen die Leute von der anderen Partei.« Jesus stimmte zu. »Deswegen setze ich nie auf Religionen, ich setze auf Menschen«, sagte er. »Menschen sind wichtiger als der Sabbat.« »Du solltest deine Worte wägen«, sagte einer von uns etwas besorgt. »Du bist schon mal wegen einer solchen Sache gekreuzigt worden.« – »Ja – und von religiösen Leuten«, sagte Jesus mit gequältem Lächeln.

Anthony de Mello

Schiefgegangen

Herr, es ist mal wieder schiefgegangen.
Eigentlich wollte ich doch gar nicht,
aber dann hat es mich doch gepackt –
und jetzt?

Verzeihe du mir, Herr,
ich ärgere mich über mich,
es tut mir leid,
am liebsten würde ich alles rückgängig machen.

Bitte hilf mir, Herr,
lass mich wieder
von vorne beginnen.
Bitte hilf mir, Herr,
dass ich beim nächsten Mal
nicht wieder durchbrenne.

WAS WAR LOS?

Ich danke dir
für all das Gute,
was ich
in der letzten Zeit
tun konnte.
Ich danke dir
für all das Schöne,
was ich erlebt habe.
Mir fallen viele Dinge ein,
die ich nicht so schnell
vergessen möchte.

Und dann fallen
mir die Dinge ein,
die lieber nicht
geschehen wären.
Ich habe
zu wenig gefragt,
was gut und richtig ist.
Lieber habe ich
das gemacht,
was angenehm
und bequem ist.

Manche,
die mir vertrauten,
wurden enttäuscht.
Einiges würde ich gerne
rückgängig machen,
aber ich weiß,
dass das nicht geht,
leider.

Vater, habe ein
Einsehen mit mir
und schenke mir
dein Erbarmen.
Lass mich
in der kommenden Zeit
so leben,
wie du es
von mir erwartest.
Hilf mir dabei.

VERLASSEN

Jetzt bin ich wieder allein.
Verlassen, wie es so schön heißt.
Solo, sagen die Anderen,
Mitgefühl echt oder gespielt.

Es ist aus, Herr.
Ich bin sauer, zornig, grenzenlos enttäuscht.
Ich bin allein, Vater – und am Boden.

Wir waren so gerne zusammen,
träumten stundenlang gemeinsam auf einer Wiese
und sahen uns den Himmel an.
Wenn wir uns umarmten, flogen wir auf einen anderen Stern.
Es war herrlich, wenn wir durch den Regen liefen
und uns unter einer Laterne küssten.
Nichts und niemand, dachten wir, kann uns auseinander bringen.
Jetzt bin ich wieder allein.

»Eine feste Bindung wäre noch nicht gut.«
»Wir müssen Abstand haben.«
»Ich weiß nicht, ob ich dich überhaupt noch liebe.«
Worte, die sich wie Speere in mein Herz bohren.

Gott, höre mich an, wenn du die Liebe bist!
Wenn du wirklich in unsere Herzen schaust, höre mir zu.
Keiner versteht mich, also hilf du mir.
Du bist meine letzte Rettung, Gott,
allein weiß ich nicht mehr weiter.

ICH HABE ES SATT

Herr, ich habe es satt,
den Hals zu verdrehen
und jedem Trugbild nachzugaffen.
Ich drehe mich nicht mehr um.
Geradeaus sehe ich und schweige.
Ich gönne meinem Nacken Ruhe.
Denn mein Nacken ist müde,
müde vom ewigen Drehen und Wenden.
Mache mich zu einem Menschen,
der geradeaus geht,
dass ich nur auf deinen Weg schaue,
den Weg, den du zeigst.
Meine Ohren sind müde
vom Lärm der Züge und Autos,
müde vom Nachhall der Worte,
vom Kopfweh kommender Tage,
sehr, sehr müde
und beinahe ertötet
vom klingenden, betäubenden Lärm.
Ich habe es satt, gereizt zu werden,
gereizt von den vielen Dingen draußen
und von der Selbstsucht drinnen.
Herr, reize du mich,
dass deine große Liebe mich treibt
und ich in Ewigkeit fröhlich bin.

John Mbiti, Kenia

TÄUSCHUNGEN

Du täuschst dich, wenn du meinst,
dein Weg könnte ohne Windungen
verlaufen.

Du täuschst dich, wenn du meinst,
der Weg verliert sich, weil so viele Dinge
dich nicht sehen lassen, wohin er führt.

Wenn du meinst, der Weg sei lang genug gewesen,
du könntest dich hinsetzen, ausruhen und schlafen,
täuschst du dich.

Wenn du meinst, du seiest in einer Sackgasse,
und es erwarte dich niemand am Ende des Weges,
täuschst du dich erst recht.

Du täuchst dich ebenso, wenn du meinst,
ein Gott müsse den Weg unter deinen Füßen glätten.
Du täuschst dich auch, wenn du meinst,
die anderen müssten einen weniger holprigen
und mit Steinen besäten Weg gehen als du.

Geh, lass dich von dem führen, was für dich wesentlich ist!
Geh deinen Weg, und wenn du kannst, pfeife und singe.
Bleib unterwegs!

WIE EIN SPIELBALL

Lieber Gott, oft komme ich mir vor wie ein Spielball.
Man wirft mich hin und her, je nach Laune.
Man wirft mich fort, man nimmt mich wieder auf,
man lässt mich irgendwo in der Ecke liegen,
man beachtet mich nicht, man stolpert über mich hinweg,
man gibt mir einen Tritt, man greift nach mir,
hält mich fest, überlässt mich fremden Händen.
Herr, mein Gott, warum werden wir Menschen
wie Spielbälle behandelt? Muss das so sein?
Wäre es nicht denkbar, dass Menschen einander
liebevoller begegneten, einander zärtlicher behandelten?
Lieber Gott, denk daran, wie schwer es ist für Menschen,
wie Spielbälle herumgeworfen, wie Abfall
weggeworfen zu werden. Nimm dich der Menschen an!
Herr, mein Gott, lehre uns, dass wir uns einander
nicht länger wie Spielbälle behandeln,
sondern Achtung haben voreinander.

Schulmädchen aus dem Libanon

WUNSCHZETTEL
MIT VERFALLSDATUM

Könnte ich nicht ein dickes Fell haben,
so dick, dass mich nichts mehr verletzten kann.
Könnte ich nicht einen Buckel kriegen,
so lang, dass alle, die es nicht lassen können,
drauf runterrutschen.
Könnte ich nicht ein paar Ohrenschützer bekommen,
so dicht, dass nichts an mich dringt,
was verletzt und schmerzt.
Vielleicht noch Scheuklappen und eine rosarote Brille,
damit das Leben so locker wird, wie es die bunten Magazine
und Vorabendprogramme zeigen?
Könnte ich all das bitte haben, Gott,
nur für einen Monat, eine Woche, einen Tag?
Wenn ich dann so richtig eingelullt bin
und gesellschaftstauglich vor mich hindöse,
dann öffne mir bitte Augen, Mund und Ohren.
Befreie mich von den Sinnlos-Frustrationen und Blindheiten
Von der »NachMirDieSinflutIstSowiesoAllesEgalStimmung«.
Damit ich lerne, mich nicht zufrieden zu geben,
mit einer soften Welt, die Probleme ausblendet
und Unwichtiges aufbauscht.
Damit ich mich nicht auf Freunde stütze,
die mir bei nächster Gelegenheit den Rücken zukehren
und bloß Spaß und sich selbst im Blick haben.
Damit ich Recht und Unrecht wahrnehme
und mit offenen Sinnen helfen kann,
dass diese Welt ein wenig besser wird, als sie ist.

SEGEN

Halte immer dem Gegenwind stand,
auch wenn er dir ins Gesicht bläst
und du meinst, aufgeben zu müssen.
Bleibe fest
und gehe ihm immer wieder entgegen –
vielleicht auf anderen Pfaden
und in neuen Schuhen.

Irischer Segenswunsch

DIE FRAU UND DIE ZWIEBEL

Es war einmal ein böses altes Weib. Das hatte in ihrem ganzen Leben keine einzige gute Tat vollbracht. Als sie starb, kamen die Engel und warfen sie in den Feuersee. Nur ihr Schutzengel stand traurig da und dachte: Hat sie denn wirklich nichts Gutes vollbracht, von dem ich Gott erzählen kann? Nur etwas ganz kleines fiel ihm ein, und so sagte er zu Gott: »Einmal hat sie aus ihrem Garten ein Zwiebelchen herausgerissen und es einer Bettlerin gegeben.« Da sprach Gott: »So nimm diese Zwiebel und halte sie ihr in den See. Kannst du sie herausziehen, darf sie ins Paradies. Reißt das Zwiebelchen aber, soll sie bleiben, wo sie ist. Der Engel lief zum Weib und hielt ihr die Zwiebel hin: »Komm, fass an, damit ich dich herausziehen kann.« Er begann vorsichtig zu ziehen und zog sie höher und höher. Als die anderen Sünder im See das sahen, klammerten sie sich an sie, um auch ins Paradies zu gelangen. Doch das Weib stieß sie mit ihren Füßen zurück und schrie. Nur mich soll man herausziehen; es ist mein Zwiebelchen, nicht eures. Im gleichen Augenblick riss das Pflänzchen entzwei und das Weib fiel zurück in den Feuersee. Ihr Engel aber ging weinend davon.

Nach Fjodor Michailowitsch Dostojewski

WIE DIE MÄNNER IM BOOT AUF DEM SEE

Schlafend hast du gelegen,
im Sturm, als alle um ihr Leben zitterten.
Und warst leicht angesäuert, als sie dich weckten.
Konntest dir nicht vorstellen,
wo diese Kleingläubigen all ihren Mut gelassen hatten.

Diese Kleingläubigen waren deine Jünger,
sie waren Tag und Nacht bei dir.
Und wir sollen nicht zweifeln, fragen, hoffen dürfen?
Wir – hunderte Jahre später,
selten im Boot um unser Leben zitternd,
doch dem ewigen Leben weniger als gewiss.

Schenke uns, wie den Jüngern damals,
ein Zeichen deiner Gegenwart.
Stille den Sturm um uns, gebiete den Wassern,
sieh uns unseren Kleinglauben nach,
wir sind schließlich auch nur Menschen.

**Wo die Dunkelheit tiefer wird,
gewinnt das Licht an Leuchtkraft.**

Ruth Pfau

Ruth Pfau (Ärztin, Ordensschwester): geb. 1929 in Leipzig, Medizinstudium, Eintritt in den Orden der Töchter vom Herzen Mariens. Seit 1960 lebt sie in Pakistan, Einsatz für Leprakranke. In Afghanistan baute sie einen Gesundheitsdienst auf. Seit 1980 ist sie Beraterin für Leprabekämpfung in Pakistan.

Es ist nicht unsere tiefe Angst,
dass wir unzulänglich sind.
Unsere tiefe Angst ist die,
dass wir grenzenlos stark sind.
Es ist unser Licht und nicht unsere Finsternis,
das uns Angst macht.
Wir fragen uns: Bin ich strahlend,
hinreißend, talentiert, sagenhaft?
Wer bist du, dass du nicht so bist?
Du bist ein Kind Gottes!

Dein Spiel, dich klein zu machen, hilft der Welt nicht.
Wir sind auf die Welt gekommen,
um die Herrlichkeit Gottes, die in uns ist, zu manifestieren.
Sie ist nicht nur in jedem Einzelnen von uns.
Sie ist in jedem!
Und indem wir unser eigenes Licht scheinen lassen,
geben wir anderen Menschen unbewusst die Erlaubnis,
dasselbe zu tun.

Nelson Mandela

Wir wurden geboren,
um Gottes Ruhm zu offenbaren.

Nelson Mandela

Nelson Mandela (geb. 1918 in Qunu, Südafrika): Rechtsanwalt, Politiker. Setzte sich gegen die Apartheid in Südafrika ein, war über 30 Jahre seines Lebens als politischer Gefangener inhaftiert. Von 1994 bis 1999 erster schwarzer Präsident der Republik Südafrika.

DANKEN

Ich danke dir, Vater.
Du nimmst mich an, wie ich bin.
Du machst mich nicht klein.
Du vergibst mir und schenkst mir neuen Mut.

Schenke mir die Kraft,
anderen zu vergeben, so wie du mir vergeben hast.
Schenke mir die Kraft, es neu zu versuchen,
auch wenn du weißt, dass nicht alles ganz anders wird
in meinem Leben.

Ich möchte dir mein Vertrauen schenken.
Schließe mich immer wieder in deine Arme,
auch wenn mir nicht alles gelingt, was ich mir vornehme.

Gott, zu dir rufe ich am frühen Morgen,
hilf mir beten und meine Gedanken sammeln;
ich kann es nicht allein.
In mir ist es finster, aber bei dir ist Licht,
ich bin einsam, aber du verlässt mich nicht,
ich bin kleinmütig, aber bei dir ist die Hilfe,
ich bin unruhig, aber bei dir ist Frieden,
in mir ist Bitterkeit, aber bei dir ist die Geduld,
ich verstehe deine Wege nicht,
aber du weißt den rechten Weg für mich.

Dietrich Bonhoeffer

SEGEN

Gott, segne mich, damit ich singen kann,
auch wenn mir das Herz schwer ist,
damit ich sehen kann,
auch wenn Tränen meine Augen verschleiern,
damit ich hören kann,
auch wenn meine Ohren verstopft sind,
damit mein Mund reden kann,
auch wenn mir das Wort im Hals stecken bleibt,
damit ich gehen kann,
auch wenn meine Füße schleppend werden,
damit ich Gutes tun kann,
auch wenn meine Hände schmerzen.

Gott, segne mich, denn du schaffst Veränderungen,
die ich nicht einmal ahne.
Schweren Herzens kann ich wieder singen,
und mir wird leicht ums Herz.
Meine Tränen trocknen,
und meine Augen sehen deine überraschenden Wunder.
Meine Ohren lauschen,
hoffend hören sie die Stimmen der andern.
Mein Mund öffnet sich,
er kann dein Lob singen und trösten.
Meine Füße gehen, und die Hände tun,
was der Tag von mir fordert,
wenn du mich segnest.

Durch den Tag

Die Oma fragte das kleine Kind. »Na, betest du immer schön am Abend?« – »Ja, immer«, antwortete das Kind. Die Oma freute sich. »Und dann betest du sicher auch immer schön artig am Morgen?« »Nein«, sagte das Kind. »Am Morgen habe ich keine Angst.«

MORGENS

Es gibt Tage, da denke ich abends: Wäre ich doch lieber im Bett liegen geblieben. Alles ging schief! Auch wenn ich vorhin nur schwer aus den Federn gekommen bin, hoffe ich doch auf einen Tag, der besser läuft als der »Wärstdudochbesserliegengebliebentag«.
Gott, begleite mich mit deiner Weisheit durch diesen Tag und teile mit mir alle Mühe. Damit ich am Abend dankbar sagen kann: Es ist gut, aufgestanden zu sein, es ist gut zu leben.

Gott nimmt uns nicht die Lasten,
aber er stärkt uns die Schultern.

Sprichwort

ÜBER MEINEN SCHATTEN SPRINGEN

Herr, du hast mir wieder
einen neuen Tag geschenkt.
Dafür danke ich dir.

Gerne wäre ich heute
für andere eine Bereicherung.
Aber ich kann oft nicht
über meinen Schatten springen.

Lass mich die von dir geschenkte Zeit
gut und sinnvoll nutzen.

Ich möchte froh sein an diesem Tag.
Aber ich kann nicht bloß mit gutem Willen
allen Ärger und Streit vertreiben.
Schenke mir heute ein wenig von deiner Freude.

Gott, ich möchte dir vertrauen.
Aber oft bin ich unsicher,
von Ängsten und Zweifeln umgeben.
Hilf mir, dass mein Herz sich dir wieder
ein wenig mehr öffnet.

Maßlos

Heute will ich maßlos sein, Gott,
ich will schaffen, kreativ sein, aktiv, produktiv,
ich will wirbeln und wühlen, ich will wissen, was ich kann,
heute leg ich es drauf an.
Nichts will ich hören von Maß und Muße,
von Selbstbeschränkung und Askese,
von Innehalten und von Besinnung.
Lass mich heute kämpfen, Gott, für dein Reich,
für Gerechtigkeit, für Freiheit, für Leben.
Meine Leidenschaft für dich
kann ich nicht mit angezogener Handbremse leben.
Ich will nicht immer nach innen schauen.
Ich will handeln, bauen, gestalten,
jetzt – wild – mit all meiner Kraft,
jetzt, solange ich jung bin –
wie ein Tänzer auf dem Parkett,
wie eine Sprinterin auf der Rennbahn,
wie ein Rocksänger hinter dem Mikrofon.
Morgen, lieber Gott,
morgen mach ich dann langsam.
Aber nicht heute!!!
Amen! Amen! Amen!

HERR, ICH DANKE DIR,
dass du meinen Lebensweg lenkst
und nicht der Zufall,
nicht die Sterne,
die manche Leute befragen.
Nicht die fremde Macht,
die man Schicksal nennt,
bestimmt mein Leben.
Du bist es, der mich führt.

HERR, ICH DANKE DIR
für mein Leben, für alle meine Fähigkeiten,
dass ich denken, lernen und urteilen kann.
Lass mich mit meinen Gaben nicht herrschen,
sondern dienen.

HILF MIR,
dass man sich auf mich verlassen kann,
lass mich ehrlich und gewissenhaft sein.
Hilf mir, auch mit denen auszukommen,
die ich nicht leiden kann.
Bewahre mich vor falschem Ehrgeiz und Stolz,
vor Rechthaberei und Feigheit,
vor allem, was andere kränkt und verletzt.
Segne mich und alle, denen ich heute begegne.

LASS UNS LACHEND IM LEBEN STEHEN

Wir schenken dir, Herr,
diesen beginnenden Tag.

Lass uns denen helfen, die zu uns kommen,
denn du bist es, der kommt.

Lass uns eins sein mit allen Brüdern und Schwestern,
die hinausgehen, dein Halleluja zu leben.

Lass uns zart, liebevoll, offen sein und bereit,
jede Form deines Willens anzunehmen.

Lass uns lachend im Leben stehen,
denn du bist das Leben.

Lass uns Vertrauen schenken
in die Erde und in den Himmel.

Lass uns alles ablegen, was nicht DU bist
und deine Kinder, die Menschen.

Lass unsere Liebe klar sein durch die Gnade des Vaters,
des Sohnes und des Heiligen Geistes.
Amen.

Morgengebet der Kleinen Schwestern und Brüder Jesu

Mitten am Tag

Mitten in der Hektik
des Tages
schließe ich
meine Augen.
Wenn alles
um mich herum lärmt,
werde ich still.
Manchmal
mache ich das so
für einen Augenblick,
für ein paar Sekunden,
ich stoppe die Maschine
und merke
mitten am Tag:
Da ist noch was,
da ist noch wer,
ich bin nicht allein.
Denn du
bist mittendrin.
Vater und Bruder,
Mutter und Schwester,
Gott, danke.
Das will ich heute
einfach mal loswerden.

AM ABEND

Die Luft ist raus, der Tag ist zu Ende,
und ich lege mich jetzt hin.
Schluss, jetzt.
Ich brauche Ruhe nach all dem Stress.
Ausspannen, nach all den Kämpfen am Tag.
Jetzt wünsche ich mir Träume,
die meinen leeren Akku wieder füllen,
die mir Kraft und Ideen geben für morgen.
Wenn du mir dabei über den Weg läufst, Vater,
würde ich mich freuen.
Denn auch der Traum ist ein Ort,
wo du mir begegnest.
Segne meine Nacht mit deiner Gegenwart
und lass mich ruhig schlafen.
Amen.

Lass deine Sorgen
an der Schwelle des Schlafes zurück,
alle Bitterkeit, allen Kummer,
damit du dich beim Aufwachen
nicht so müde wiederfindest,
als hättest du in den Kleidern geschlafen,
die Schuhe an den Füßen,
den Hut auf dem Kopf.

Dom Helder Camara

ICH BLICKE ZURÜCK

Herr, der Tag geht zu Ende.
Ich will schlafen gehen.
Ich blicke zurück auf Straßen, Zimmer, Tische,
aber besonders auf die Menschen in den Straßen,
auf die Menschen in den Zimmern,
auf die Menschen an den Tischen.
Ich habe mit ihnen gesprochen, habe gelächelt.
Ich habe mit ihnen gearbeitet und gegessen.
Ich bin ihnen begegnet und wohl auch
auf die Nerven gegangen.
Ich habe sie gereizt, getröstet, geliebt.
Das alles, Herr, habe ich Menschen getan.
Das alles, Herr, habe ich dir getan ...
Vergib mir, tröste mich, bleibe bei mir.
Herr, jetzt ist der Tag zu Ende.
Ich möchte schlafen.
Gib mir einen guten Schlaf.

TISCHGEBET

Komm, Herr Jesus, und sei unser Gast.
Segne diese Gaben, auch wenn die meisten Tische
dieser Erde nicht so gut gedeckt sind wie dieser hier.
Segne diese Gaben und öffne unsere Augen
für die Brüder und Schwestern,
die weniger haben.
Segne diese Gaben und lehre uns zu teilen,
was du uns bescheret hast.
Amen.

DANKGEBET

Wir danken dir, Herr Jesu Christ.
Du bist bei uns zu Gast,
auch wenn wir es oft nicht bemerken.
Wir danken dir für unser tägliches Brot.
Wir danken dir für die selbstverständlichen Dinge des Lebens.
Wir danken dir für die kleinen Wunder,
die es immer wieder gibt.
Wir danken dir für deine geheimnisvolle Gegenwart.
Wir danken dir, dass du bei uns zu Gast gewesen bist.
Amen.

Ich wünsche dir Frieden,
die Stille einer ruhigen Nacht
und die Sanftheit des Morgens.

Ich wünsche dir einen Tag voll Harmonie
und das Gefühl der Dankbarkeit am Abend.

Ich wünsche dir Frieden,
den Frieden des Herrn.
Er ist Friede für alle Zeit.

Irischer Segenswunsch

DER KLANG DES GELDES

Einmal gingen ein Indianer und ein Weißer gemeinsam durch eine große Stadt. Ringsum rauschte der Verkehr. Plötzlich bleibt der Indianer stehen, tippt den Weißen an und sagt: »Hör mal! Da zirpt eine Grille.« Der Weiße antwortet ihm: »Wir sind mitten in der Stadt. Hier gibt es keine Grillen. Alles, was du hörst, sind Autos, hastende Menschen, Großstadtlärm.« Beide gehen weiter. Da lässt der Indianer unauffällig eine kleine Münze fallen. Sie fällt leise auf den Fußweg, rollt ein kleines Stück, dreht sich und bleibt liegen. Einige der Passanten auf dem Fußweg hören das. Sie bleiben stehen, schauen hin und her und suchen. Schließlich findet einer die Münze und steckt sie freudig ein. Der Indianer und der Weiße sehen dies und gehen dann weiter.
Nach einigen Schritten schiebt der Indianer ein wenig Gras auf einer Grünanlage auseinander und – da sitzt eine Grille.
Da sagt der Weiße: »Ist ja kein Wunder, ihr Indianer hört eben besser.« Der Indianer antwortet: »Keineswegs, die Münze, die gerade herunterfiel, war viel leiser als die Grille. Ihr Weißen habt eure Ohren für den Klang des Geldes, wir Indianer haben auch Ohren für den Gesang der Grille.«

LOSGEHEN

Vater, ich bin von dir gerufen,
reiß mich aus meiner Ruhe,
wenn ich nicht hören will,
schenke mir die Klarheit,
die richtigen Entscheidungen zu treffen,
lass mich meine Talente nutzen,
denn du hast sie mir geschenkt,
damit diese Welt ein wenig besser wird.

Gib mir deinen Segen,
damit ich den Mut habe loszugehen,
dass ich die Kraft habe durchzuhalten,
und dass ich das Vertrauen habe,
mit dir ans Ziel zu gelangen.

VERANTWORTUNG FÜR DIE WELT

Herr, unsere Erde ist nur ein kleines Gestirn im großen Weltall. An uns liegt es, daraus einen Planeten zu machen, dessen Geschöpfe nicht von Kriegen gepeinigt werden, nicht von Hunger und Furcht gequält, nicht zerrissen in sinnlose Trennung nach Rasse, Hautfarbe oder Weltanschauung. Gib uns den Mut und die Voraussicht, schon heute mit diesem Werk zu beginnen, damit unsere Kinder und Kindeskinder einst mit Stolz den Namen Mensch tragen.

Gebet der Vereinten Nationen

GROßER GOTT, gib uns
ein verständnisvolles Herz,
damit wir von deiner Schöpfung
nicht mehr wegnehmen,
als wir geben können;
damit wir sie nicht
willkürlich zerstören,
nur um unserer Habgier willen;
damit wir uns nicht weigern,
ihre Schönheit
mit unseren Händen zu erneuern;
damit wir niemals von der Erde nehmen,
was wir nicht wirklich brauchen.
Großer Gott, gib uns Herzen,
die begreifen,
dass wir Verwirrung stiften,
wenn wir die Musik der Erde stören;
dass wir blind
für ihre Schönheit werden,
wenn wir ihr Gesicht verunstalten;
dass wir ein Haus
voller Gestank haben,
wenn wir gefühllos
ihren Wohlgeruch verderben.
Ja, Herr, es ist wahr:
Wenn wir sorgsam
und zärtlich mit der Erde umgehen,
sorgt sie für uns und schützt uns
und erhält uns am Leben.

Indianer, Nordamerika

HERR, HÖRE MEINE WORTE

Vater, öffne deine Ohren und höre mir zu.
Ich möchte dir was sagen, was heißt sagen,
schreien will ich, damit alles ankommt bei dir.
Du bist doch kein tauber Gott, der nicht merkt,
welches Spiel gespielt wird.

Wenn einer heuchelt und giftet, du merkst es, selbst wenn er es als Gebet verkauft. Die Betrüger und Lügner lässt du in ihren selbstgelegten Fallstricken baumeln. Mir aber zeigst du den Ort, wo du dich finden lässt. Hilf mir dabei, so zu leben, wie du es von mir wünschst.

Mache mich stark gegenüber allen, die über dich und mich lachen. Die den lieben Gott einen guten Mann sein lassen und deine Geschöpfe mit Füßen treten. Sie reden mit dem eisigen Atem der Verachtung, aus ihren Augen schaut Gier, die nur eigene Interessen kennt und über Leichen geht.

Nimm du ihnen ihre Macht und ihre Beziehungen. Zerstöre ihre dunklen Kanäle. Damit sie mit all ihrem Zusammengerafften verschwinden und deine Schöpfung nicht mehr unter ihnen leiden muss.

Dafür schenke Freude und Zuversicht all denen, die anderen das Leben schöner machen, den Weltverbesserern und Träumern, denen, die singen, und denen, die fünfe auch mal grade sein lassen. Froh sollen sie sein, weil sie zu dir gehören. Segne sie und breite deine liebenden Arme über sie aus. Sie stehen unter deinem Schutz wie ein Kind in den Armen seiner Mutter.

Nach Psalm 5

SPRACHENGEWIRR

Viele Sprachen kann ich täglich hören
und Menschen aus allen Himmelsrichtungen sehen,
Touristen, Studenten, Asylanten, Computerspezialisten,
Familien, Schulkinder und den Mann am Dönerstand.

Manche haben es nicht leicht:
durch ihre Sprachschwierigkeiten,
durch ihr Aussehen,
durch ihre fremden Gewohnheiten.

Ich möchte ihnen freundlich und ohne Vorurteile begegnen
und ihnen helfen, sich hier wohl zu fühlen.
Schenke uns Verständnis füreinander und ein Lächeln,
wenn die Sprache uns nicht weiterhilft.

Ich will euch nur sagen,
dass es gefährlich ist,
zu lange zu schweigen.
Die Zunge verwelkt,
wenn man sie nicht gebraucht.

Astrid Lindgren

GEBET FÜR DIE WELT

Chaos in der Welt,
Armut überall,
Spaltung unter Menschen,
Krieg unter Völkern,
nirgends Frieden.
Wir haben uns abgewandt
von deiner Liebe;
doch bleiben wir angewiesen
auf dich.
Von dir kommt die Luft,
die wir atmen.
Ohne Luft
sind wir tot,
bewegungslos,
verwest.
Herr, lass uns deine Liebe begreifen,
lass uns Verbindung halten
mit den Brüdern,
ob schwarz, weiß, rot oder gelb.
Mache aus der Welt
einen Korb der Farben
in deiner mächtigen Hand
und lass Frieden sein in diesem Korb.

Gebet aus Afrika

Gebraucht die Liebe
als eure wichtigste Waffe.
Lasst euch
von keinem Menschen
so sehr erniedrigen,
dass ihr ihn hasst.
In einer Welt,
die sich auf Macht,
Zwangsherrschaft und
Gewalt verlässt,
seid ihr aufgerufen,
dem Weg der Liebe
zu folgen.
Dann werdet ihr erfahren,
dass unbewaffnete Liebe
die stärkste Macht
der Welt ist.

Martin Luther King

STÄNDIGES WACHSTUM?

Der alte Herr mit den weißen Haaren hörte mit gespannter Aufmerksamkeit zu, als der berühmte Wirtschaftswissenschaftler seinen Entwurf der künftigen Entwicklung des Planeten erläuterte. »Sollte Wachstum wirklich der wichtigste Aspekt in einer modernen Gesellschaft sein?«, fragte er danach den Redner. »Selbstverständlich, jedes Wachstum ist gut in sich«, erläuterte der Wissenschaftler nachsichtig. »Denken nicht Krebszellen genauso?«, fragte kopfschüttelnd der alte Herr, verabschiedete sich und ließ den Wissenschaftler nachdenklich zurück.

Wir sind nicht auf der Erde,
um ein Museum zu hüten,
sondern um einen Garten zu pflegen,
der von blühendem Leben strotzt
und für eine schöne Zukunft bestimmt ist.

Papst Johannes XXIII.

Johannes XXIII. (1881–1963): Angelo Roncalli (Bauernsohn) wird mit 77 Jahren zum Papst gewählt. Er berief das 2. Vatikanische Konzil ein, das die römisch-katholische Kirche reformierte und den Dialog mit anderen Religionen förderte.

Wagnis Leben

Man muss Gott beim Herzen
zu packen verstehen.
Das ist seine schwache Seite.

Teresa von Ávila

Stille erleben

Ein alter Mann konnte stundenlang still in der Kirche sitzen. Eines Tages fragte ihn ein Priester, worüber Gott mit ihm spräche. »Gott spricht nicht. Er hört nur zu«, war die Antwort.
»Was redest du dann mit ihm?«
»Ich spreche auch nicht. Ich höre nur zu.«

Anthony de Mello

Und siehe, der Herr ging vorüber, und es kam ein gewaltiger Sturm, der die Berge stürzte und die Felsen zerbrach. Aber Gott sprach nicht im Wind.
Nach dem Wind aber kam ein Erdbeben, und es wütete im ganzen Land. Aber Gott sprach nicht im Erdbeben. Und nach dem Erdbeben kam ein Feuer, das alles von Menschen Gebaute verbrannte, aber Gott sprach nicht im Feuer. Und nach dem Feuer kam die Stille. Und im Rauschen der Stille, da sprach Gott.

Nach 1 Kön 19,11–12

HERR,

schenke meinem Herzen **die Ruhe**,
deine Stimme zu hören.
Schenke meiner Seele **die Flügel**,
um sich zu dir aufzuschwingen.
Schenke meinem Geist **die Klarheit**,
dich mit allen Sinnen erfahren zu können.

Wer nicht zuerst auf Gott hören will,
hat der Welt nichts zu sagen.

Hans Urs von Balthasar

Hans Urs von Balthasar (1905–1988): Schweizer Theologe, Schriftsteller, Verleger, Übersetzer, Gründer eines Säkularinstitutes. Im Wahrnehmen des Schönen sah er einen Weg zu Gott. Als radikal gilt seine These, dass die Hölle durchaus »leer sein« könne, da Jesus wirklich alle erlöst habe.

Ein Weißer nimmt einen Farbigen in seinem Jeep mit, um mit ihm in ein weit entfernt liegendes Dorf zu fahren. Wie der Teufel rast er durch die trockene Savanne, bis der Farbige ihn bittet, anzuhalten, damit er aussteigen könne. Dort setzt er sich am Straßenrand nieder. Nichts geschieht. Nach einer Weile fordert ihn der Weiße wieder zum Einsteigen auf. »Worauf wartest du noch?«, fragt er. »Dass meine Seele nachkommen kann«, antwortet ihm der Farbige.

Aus Afrika

**Man redet häufig nur,
weil man nicht zu schweigen versteht.**

Ambrosius von Mailand

Ambrosius von Mailand (339–397): wurde 373 zum Statthalter Oberitaliens ernannt. Er war beliebt, weil er Gerechtigkeit walten ließ. 374 wurde er zum Bischof von Mailand gewählt. Seinen Besitz schenkte er den Armen. Ambrosius gilt als Begründer des Gemeindegesangs in der Kirche.

DREI BOOTE

Ein Priester saß in seinem Fenster, als er plötzlich eine Explosion hörte. Menschen liefen in Panik hin und her. Der Damm war gebrochen. Der Priester sah, wie das Wasser stieg. Er unterdrückte seine aufsteigende Panik und sagte sich: »Endlich kann ich praktizieren, was ich predige. Ich werde nicht fliehen. Ich werde bleiben und auf Gottes Vorsehung, mich zu retten, vertrauen.«
Als das Wasser bis zu seinem Fenster reichte, fuhr ein Boot vorbei, und die Menschen darin riefen ihm zu: »Steigen Sie ein, Herr Pfarrer.« – »Nein, nein«, sagte er, »ich vertraue auf die Vorsehung. Gott wird mich retten.«
Das Wasser stieg weiter und er kletterte auf das Dach. Da kam ein weiteres Boot voller Menschen vorbei, die den Pfarrer drängten, einzusteigen. Wiederum lehnte er ab. Nun musste er auf den Kirchturm steigen. Als ihm das Wasser bis zu den Knien reichte, schickte man einen Polizisten mit einem Motorboot. »Nein, danke«, sagte der Priester ruhig lächelnd. »Sehen Sie, ich vertraue auf Gott. Er wird mich nicht im Stich lassen.«
Der Pfarrer ertrank und stieg zum Himmel auf. Sofort beklagte er sich bei Gott. »Ich habe dir vertraut! Warum tatest du nichts, um mich zu retten?«
»Nun ja«, erwiderte Gott etwas gereizt, »immerhin habe ich drei Boote geschickt.«

nach Anthony de Mello

MANCHMAL

Manchmal ist mein Gebet
so wie ein Arm,
den ich nach oben recke,
um dir zu zeigen, wo ich bin,
inmitten von Milliarden
von Menschen.

Manchmal ist mein Gebet
so wie ein Ohr,
das auf ein Echo wartet,
auf ein leises Wort,
auf einen Ruf
aus deinem Mund.

Manchmal ist mein Gebet
wie eine Lunge,
die sich dehnt,
um frischen Wind
in mich hineinzuholen –
deinen Hauch.

Manchmal ist mein Gebet
wie eine Hand,
die ich vor meine Augen lege,
um alles abzuschirmen,
was mir den Blick
zu dir verstellt.

Manchmal ist mein Gebet
so wie ein Fuß,
der fremden Boden prüft,
ob er noch trägt,
und einen Weg sucht,
den ich gehen kann.

Manchmal ist mein Gebet
so wie ein Herz,
das schlägt,
weil ohne seinen Schlag
das Leben
nicht mehr weitergeht.

Manchmal ist mein Gebet
nur ein gebeugter Kopf
vor dir –
zum Zeichen meiner Not
und meines Dankes
an dich.

Einmal wird mein Gebet
so wie ein Auge sein,
das dich erblickt,
wie eine Hand,
die du ergreifst –
das Ende aller Worte.

Paul Roth

Du bist der Rhythmus des Lebens,
so wie der Klang der Trommeln
die Stille durchdringt,
durchdringe du mein Leben.

Du bist der Rhythmus des Lebens,
so wie der Trommelstock das Fell trifft,
bewege du meinen Glauben.

Du bist der Rhythmus des Lebens,
so wie der Sound jede Ecke des Raumes erfüllt,
erfülle du die Räume dieser Welt.

Erklinge laut
dort, wo niemand dich hört.
Klinge leise und zart,
wo deine Schöpfung lauscht.

Du bist der Rhythmus des Lebens,
bringe durch mich
deinen Klang in die Welt.
Bringe durch mich
andere zum Klingen.
Bringe die Welt
in deinen Klang.

GOTT IST NICHT ...

wie ein alter Großvater, der von Zeit zu Zeit mit dem moralischen Maßstab nachsieht, ob auf der Welt alles in Ordnung ist, der wie ein strenger Lehrer für Ordnung und Disziplin unter seinen Menschenkindern sorgen muss, der wie ein Polizist Strafzettel für Vergehen vergibt und bei einem gewissen Maß den »Führerschein« entzieht.

GOTT IST ...

wie ein Geliebter, der all mein Denken und Tun bestimmt und mein Leben völlig verändern kann, wie ein aus Liebe gemachtes Geschenk, das mein Leben nicht schwerer, sondern schöner macht, wie ein Wegweiser, der meinem Leben Richtung und Sinn gibt und mir so Mut macht, meinen Lebensweg zu gehen, wie ein Vater, der mich an der Hand nimmt und durch die Gefahren des »Straßenverkehrs« meines Lebens führt, wie ein Brückenbogen, der sich von einem zum anderen Ufer spannt und der mir Hoffnung gibt, einen Ausweg aus der Enge des täglichen Lebens zu finden, wie ein guter Freund, dem ich alles sagen kann und der an meinen Freuden und Schmerzen Anteil nimmt.

GOTT IST FÜR MICH ...

TATORT

Mein Gott,
du hast viele Arten, um zu reden,
so viele Zeichen deiner Liebe.
Und du willst meine Antwort –
nicht nur in Worten,
sondern in der Tat.
Darum lass mich nicht allein
und öffne meine Ohren, meinen Mund.
Mein Gott,
die Worte, die ich an dich richte,
sind vielleicht schwach.
Und manchmal ist mein Herz
zum Reden nicht bereit.
Dann nimm mein Fragen,
meine stumme Not,
als sei es ein Gebet zu dir.

**Gott sei Dank gibt es nicht,
was sich 60 bis 80 Prozent
unter Gott vorstellen.**

Karl Rahner

Karl Rahner (1904–1984): Jesuit, bedeutendster katholischer deutscher Theologe des 20. Jh. Die Lehren von Gott (Theologie) und vom Menschen (Anthropologie) gehören für ihn zusammen. Gott offenbart sich dem Menschen. Der Mensch ist ein Suchender und der Hörer des Wortes Gottes.

WER BIN ICH?

Und Jesus fragte einen Bauern: »Wer bin ich«? »Du bist das Brot des Lebens.« Er fragte einen Seemann, und der antwortete: »Du bist das rettende Ufer, wenn das Schiff in Not ist.« Er fragte auch ein Kind: »Du bist wie eine Mutter, die niemals schimpft.« Zum Schluss fragte er einen Theologen: »Wer bin ich?« Der Theologe antwortete: »Du bist Christus, die soteriologische Ausprägung der Offenbarung von der Heilswirklichkeit Gottes, der Mittelpunkt der Schöpfung, ohne den alle Suche nach Sinnhaftigkeit der Welt verblassen müsste.« Und Jesus fragte staunend: »Was bin ich?«

Leben im Tod

Man soll nicht fragen:
Was wird und kann noch kommen?
Sondern sagen: Ich bin gespannt,
was Gott jetzt noch mit mir vorhat.

Selma Lagerlöf

Am Ende meiner Tage
werde ich eingestehen müssen,
dass der Weg schwer war
und die Hoffnung mich oft verlassen hat.
Müde werde ich sein vom Leben
mit all seiner Last.
Dennoch, keinen Zweifel wird es geben,
dass ich dem Wunderbaren begegnet bin,
dem Glanz der Sonne auf dem weiten Meer,
dem Rauschen der Wellen,
dem Duft der Heckenrosen,
der Zärtlichkeit,
dem Lachen
und mehr noch, vieles mehr.
Dies will ich bitten, großes Du,
dass das Bittere mit meinem Leib zu Staub zerfalle,
die Freude aber lass zurückbleiben
in den Herzen derer, die ich lieb habe.

Sabine Naegeli

SALZPUPPENGESCHICHTE

Eine Puppe aus Salz reiste Tausende von Meilen über Land, bis sie schließlich ans Meer kam. Sie war fasziniert von dieser seltsamen, sich bewegenden Wassermasse, die ganz anders war als alles, was sie bisher gesehen hatte.
»Wer bist du?«, fragte die Salzpuppe das Meer. Lächelnd erwiderte dieses: »Komm herein und sieh selbst.«
Also watete die Puppe in die See. Je weiter sie hineinging, desto mehr löste sie sich auf, bis nur noch sehr wenig von ihr übrig war. Ehe der letzte Rest verging, rief die Puppe verwundert: »Nun weiß ich, wer ich bin!«

Anthony de Mello

Anthony de Mello (1931–1987) war ein indischer Jesuit und Mystiker. Seine Geschichten handeln von der Suche nach Gott und der Wahrheit. Für de Mello ist es kein todernster Gott, der über den Wolken thront, sondern Gott ist ein Gott, der auch lachen kann.

GEBET DER SIOUXINDIANER

Großer Geist, dessen Stimme
ich in den Winden vernehme
und dessen Atem der ganzen Welt
Leben spendet, erhöre mich!
Ich trete vor dein Angesicht als eines deiner vielen Kinder.
Siehe, ich bin klein und schwach;
ich brauche deine Kraft und Weisheit.
Lass mich in deiner Schönheit wandeln
und meine Augen immer den purpurroten
Sonnenuntergang schauen.
Mögen meine Hände die Dinge achten,
die du geschaffen hast,
und meine Ohren deine Stimme hören!
Mache mich weise, damit ich die Dinge erkennen kann,
die du mein Volk gelehrt hast;
die Lehre, die du in jedem Blatt
und jedem Felsen verborgen hast.
Ich sehne mich nach Kraft,
nicht um meinen Brüdern überlegen zu sein,
sondern um meinen größten Feind –
mich selbst – bekämpfen zu können.
Mache mich stets bereit, mit reinen und aufrichtigen Augen
zu dir zu kommen, damit mein Geist,
wenn das Leben wie die untergehende Sonne entschwindet,
zu dir gelangen kann, ohne sich schämen zu müssen.

ENDE UND ANFANG

Heute oder morgen – wir müssen ihm ins Angesicht schauen, unserem Bruder, dem leiblichen Tod.
Doch auch im lebendigen Miteinander geht der Tod um. Meine Seele trauert um Verlorenes, gemeinsame Wege trennen sich, Hoffnungen und Wünsche werden begraben, Worte verletzen und zerstören ein Stück beim anderen, ich muss Abschied nehmen, ohne »Auf Wiedersehen« zu sagen, meine in bunten Farben schillernde Welt stürzt zusammen.
Nicht das Ende meines Lebens macht mir Angst, Herr, sondern das Erleben des täglichen Sterbens. Du hast den Tod überwunden. Hilf mir, mit ständigen Abschieden und Enden leben zu können, die Notwendigkeit des Sterbens kleiner alltäglicher Dinge zu erkennen, damit Neues geboren werden und wachsen kann.

Lydia Schmitt

DIE WISSENSCHAFTLICHE RAUPE

Ha, aus mir soll ein Schmetterling werden.
Ha, dass ich nicht lache.
Man verendet und Schluss.

Karel Capek

MITTENDRIN

Einem Fischer war die Frau gestorben. Sie hatten eine kleine Tochter, die er nun allein versorgen musste. Und da er sie in ihrem Kummer nicht allein in der Hütte sitzen lassen wollte, nahm er sie mit zum Fischen. Sie entfernten sich mehr und mehr vom Land, bis sie nur noch die Weite des Meeres und den Himmel sehen konnten.

Traurig, die Frau und Mutter verloren zu haben, schwiegen sie und betrachteten all die unendliche Weite des Wassers und des Himmels, die sie umgaben, während das Schiff langsam immer weiter segelte. Nach einer Weile fragte das Mädchen leise: »Hat uns Gott genauso lieb, wie wir beide Mama geliebt haben?« – »Ja, sicher«, sagte der Fischer. »Gottes Liebe ist das Größte, was es überhaupt auf der ganzen Welt gibt«. – »Und wie groß ist das«, wollte das Mädchen nun wissen. Der Fischer schwieg eine Weile, dann antwortete er: »Schau dir das Meer und den Himmel an. Sieh so weit du kannst, so hoch du kannst und so tief du kannst. Gottes Liebe umgibt uns weiter als all das Wasser, das du mit deinen Augen siehst. Sie reicht höher als der Himmel über uns und tiefer als all die Tiefen des Meeres, über die wir mit unserem kleinen Boot dahingleiten.«

Das Mädchen schwieg, es versuchte, dieses riesige Rätsel zu verstehen. Langsam füllten sich ihre Augen mit Tränen. Der Fischer nahm sie in seinen Arm und wollte ihr etwas Tröstendes sagen. Da fing die Kleine zu strahlen an, sie drückte ihren Vater und sagte: »Das ist doch wunderbar, weil wir ja mittendrin sind.«

mündlich überliefert

Mit Menschen leben

Eine Frau kam zum Rabbi und fragte: »Rabbi, ich verstehe das nicht: Kommt man zu einem Armen, ist der freundlich und hilft, wo er kann. Kommt man aber zu einem Reichen, sieht der einen nicht einmal. Was ist das bloß mit dem Geld?« Da sagte der Rabbi: »Tritt ans Fenster. Was siehst du?« »Ich sehe eine Frau mit einem Kind. Und einen Wagen, der zum Markt fährt.« – »Gut. Und jetzt tritt vor den Spiegel. Was siehst du?« »Nun, Rabbi, was werd' ich sehen? Mich selber!«, sagte die Frau. Der Rabbi antwortete: »Na, siehst du: Das Fenster ist aus Glas gemacht und der Spiegel ist aus Glas gemacht. Man braucht nur ein bisschen Silber dahinter zu legen, schon sieht man nur noch sich selbst.«

Jüdische Geschichte

Lass nicht zu, dass du jemandem begegnest, der nicht nach der Begegnung mit dir glücklicher ist.

Mutter Teresa

Mutter Teresa (1910–1997): Tochter albanischer Eltern, seit 1937 widmete sie ihr Leben den Ärmsten der Armen – Kranken und Sterbenden auf den Straßen Kalkuttas. Sie gründete die Gemeinschaft der Missionarinnen der Nächstenliebe. 1979 erhielt sie den Friedens-Nobelpreis.

Danket dem Herrn
für alle Menschen dieser Erde.
Dankt ihm für die Menschen,
die sich in ihm geborgen wissen.
Dankt ihm für alle Menschen,
die den Trauernden Trost und Zuversicht spenden.

Danket dem Herrn für die Menschen,
die mit ihrer Liebe den Hass überwinden.
Dankt ihm für alle Menschen, die gerecht sind.
Dankt ihm für alle, die barmherzig sind.

Danket dem Herrn für alle Menschen,
die uns Gottes Nähe eröffnen.
Dankt ihm für alle Menschen,
die für den Frieden ihr Leben einsetzen.
Dankt ihm für alle Menschen,
die Gott in der Welt bekennen.

Freut euch im Herrn
und dankt ihm für alle Menschen dieser Erde.

Nach Matthäus 5

PROVOKATION

Mitten in der großen Stadt sah ich ein kleines Mädchen. Es zitterte in seinem dünnen Kleid, es war deutlich zu sehen, dass es lange nichts gegessen und getrunken hatte. Links und rechts eilten die Menschen vorbei. Alle taten so, als ob sie das Mädchen nicht sähen. Zornig sprach ich zu Gott: »Wie kannst du das nur zulassen. Warum tust du nichts dagegen, du Allmächtiger?« Gott schwieg und sagte nichts. In der Nacht, ich war längst wieder zu Hause, antwortete er plötzlich: Ich habe etwas dagegen getan. Schließlich habe ich dich geschaffen.

Ich will bei der Wahrheit bleiben.
Ich will mich keiner Ungerechtigkeit beugen.
Ich will frei sein von Furcht.
Ich will keine Gewalt anwenden.
Ich will in jedem zuerst das Gute sehen.

Mahatma Gandhi

Mahatma Gandhi (1869–1948): bedeutendster indischer Politiker und Hindu. Er setzte sein Leben für Gewaltlosigkeit und Versöhnung zwischen Hindus und Moslems ein und entwickelte Methoden des waffenlosen Kampfes. Mehrfach wurde er inhaftiert. 1948 von einem Attentäter erschossen.

ZUHAUSE

Ich habe ein Zuhause,
wo ich erwartet werde und willkommen bin.
Gerne komme ich dahin zurück,
denn viele schöne Stunden hat es hier gegeben.
Erst, wenn ich lange fort gewesen bin, merke ich,
wie schön es zu Hause ist,
wie gut, ein Dach über dem Kopf zu haben.
Herr, ich danke dir für mein Zuhause.

Hier treffe ich Menschen wieder,
mit denen ich ein Stück meines Lebens
gemeinsam gehe oder gegangen bin,
Partner, Familie, Eltern, Geschwister,
meine Freunde und Mitbewohner.
Endlich können wir wieder mal so richtig erzählen.
Alles ist neu und spannend – schließlich
ist viel passiert seit unserem Abschied.
Herr, ich danke dir für die Menschen,
die mich zu Hause erwarten.

Lass mich dankbar bleiben,
wenn ich mein Zuhause
gesund und munter vorfinde,
es ist nicht selbstverständlich,
und lasse mich auch weiterhin
schöne Stunden hier verbringen.

Lydia Schmitt

An allem Unfug, der passiert, sind nicht etwa nur die schuld, die ihn tun, sondern auch die, die ihn nicht verhindern.

Erich Kästner

BITTEN FÜR DIE EINHEIT DER KIRCHEN

Vater, wir beten für die Einheit der Kirchen. Viel zu lange haben wir uns mit der Spaltung der Kirchen abgefunden. Öffne unsere Augen, damit wir sehen, welches Ärgernis wir den Christen in der Welt geben.

Immer noch haben uns Vorurteile und Selbstgerechtigkeit fest im Griff. Sende uns den Geist deiner Liebe, der keine Grenzen kennt, damit wir frei werden, aufeinander zuzugehen.

Wenn wir von unseren getrennten Brüdern und Schwestern sprechen, bemerken wir nicht den Widerspruch dieser Worte. Lass uns Liebe und Geschwisterlichkeit nicht nur im Munde führen, damit wir gemeinsam erkennen, dass du uns als dein Ebenbild erschaffen hast.

Lass uns erkennen, dass die Spaltung unserer Kirche ein Ergebnis unseres Mangels an Liebe und unseres Strebens nach Macht ist. Schenke uns die Größe zu gegenseitigem Verzeihen. Damit wir es, trotz unserer manchmal unrühmlichen Geschichte, in Zukunft besser machen.

Darum bitten wir dich, der du die Menschen nicht nach Taufschein und Kirchenzugehörigkeit, sondern nach ihrem Herzen beurteilst. Amen.

GEBET UM EIN WACHES GEWISSEN

Stimmt es, dass du den Regenbogen
als Zeichen des Friedens
und der Verbindung zu den Menschen
verstanden hast?
Dann schaffe am Himmel ein solch mächtiges Zeichen,
dass es das Gewissen der Völker erschüttert
und sie dahin führt, den offensichtlichen Irrsinn der Kriege
und der Missbildung einer winzigen Welt der Reichen
zu sehen, die umschlossen und durchdrungen
von den Wassern des Elends ist.
Selbst du, mit deinem unwiderstehlichen Blick
unendlicher Güte,
hast nicht vermocht,
das Herz des reichen Jünglings zu bewegen.
Und dabei hatte er von Kindheit an
all deine Gebote befolgt.
Herr, mein Herr, lass nicht zu,
dass wir aus falscher Liebe
die schrecklichen Wahrheiten verharmlosen,
die du den Reichen gesagt hast.

Dom Helder Camara

Dom Helder Camara (1909–1999): brasilianischer Bischof. Er lebte stets in einfachem Lebensstil und engagierte sich sehr für Menschenrechte. Offen leistete er Widerstand gegen die brasilianische Militärdiktatur. Camara betonte die Verantwortung des Menschen für die Schöpfung Gottes.

HEITERE SELIGPREISUNGEN

Selig jene, die über sich selbst lachen können – sie werden sich nie langweilen!
Selig jene, die einen Berg von einem Maulwurfshügel unterscheiden können – ihnen werden viele Verdrießlichkeiten erspart bleiben!
Selig jene, die schauen, wohin sie ihren Fuß setzen – sie werden nur selten auf einer Bananenschale ausrutschen!
Selig jene, die ausruhen und schlafen können, ohne nach Ausflüchten zu suchen – sie werden weise werden!
Selig jene, die schweigen und zuhören können – sie werden viel Neues lernen!
Selig jene, die klug genug sind, sich nicht ernst zu nehmen – ihre Mitmenschen werden sie schätzen!
Selig jene, die hellhörig sind für den Ruf des Nächsten, sich aber nicht für unersetzlich halten – sie werden Freude säen!
Selig jene, die vor dem Tun denken und vor dem Denken beten – sie werden viele Dummheiten vermeiden!
Glückselig seid ihr, wenn ihr schweigen und lächeln könnt, wenn man euch das Wort abschneidet: wenn man euch widerspricht und auf die Zehen tritt – das Evangelium beginnt, euer Herz zu durchdringen!
Über alles selig seid ihr, wenn ihr versteht, den Herrn in allen Menschen zu erkennen, denen ihr begegnet – ihr habt das wahre Licht und die wahre Weisheit gefunden!

Aus Afrika

DAS BROT

Wie jeden Tag um sieben, stand er an
nach Brötchen, dieser unscheinbare Mann.
Doch diesmal fragt der Bäcker: »Was ist mit Ihnen los?
Sie sehn so elend aus! Was hab'n Sie bloß?«

»Mein Baby sagt seit gestern keinen Ton.
Ganz blau liegt's auf der Intensivstation.
Die Ärzte sind noch ratlos. Meine Angst ist riesengroß.
Vier Brötchen bitte! Ich muss wieder los.«

»Warten Sie!«, sagte der Bäcker und nahm ein Brot.
»Essen Sie mit mir ein Stück!
Ich denke an Sie, an Ihr Kind, und ich bitte Gott:
Gib das Kind heil zurück!«

So standen die zwei Männer kauend da,
einander fremd bisher und jetzt so nah.
Sie dachten an das Kindchen, das da kämpfte mit dem Tod,
und teilten Angst und Hoffnung mit dem Brot.

Als eine Frau den Laden dann betrat,
gab ihr der Bäcker von dem Brot und bat:
»Sein Kind liegt in der Klinik! Essen Sie mit uns das Brot.
Er soll jetzt nicht allein sein in der Not.«

Und auch die Frau aß und nickte dem Fremden zu.
Still wars. Doch jeder verstand,
wie dieses Brot ihnen Trost gab
und sie miteinander verband.

Gerhard Schöne

**Zu unserer Befreiung genügt,
dass man uns dazu verhilft, ein Ziel zu erkennen,
das uns mit anderen Menschen verbindet.**

Antoine de Saint Exupéry

DEIN ENGEL SEIN

Manchmal möchte ich dein Engel sein:
Ich möchte dich stärken, wenn du schwach bist,
dich tragen, wenn du dich auf unsicherem Boden bewegst,
und hinter dir stehen, damit dir niemand in den Rücken fällt.

Ich möchte dich trösten, behutsam und sacht,
und aufmerksam sein auf jedes Wort deiner Klage.

Auf dem Weg der Wandlung
von der Trauer hin zum zarten Aufkeimen neuer Hoffnung
würde ich dich gerne begleiten.

Manchmal möchte ich dein Engel sein
und dir das Tor öffnen zu einer Welt,
reich an Freude und Frieden.

Mit dir zusammen trau ich mich,
unsere Welt auf den Kopf zu stellen.
Naja, vielleicht auch nur einen kleinen Teil,
vielleicht auch nur uns zwei,
vielleicht auch nur mich,
aber ist das nicht schon unsagbar viel.

Andrea Schwarz

DAS ENDE DER NACHT

Ein jüdischer Weiser fragte seine Schüler: »Wie kann man den Augenblick bestimmen, wo die Nacht zu Ende ist und der Tag anbricht?«
Der erste Schüler fragt: »Ist es, wenn man in der Ferne einen Feigenbaum von einer Palme unterscheiden kann?«
Der Rabbi antwortet: »Nein, das ist es nicht.«
Der zweite Schüler meint: »Wenn man ein Schaf von einer Ziege unterscheiden kann, dann wechselt die Nacht zum Tag.« – »Auch das ist es nicht«, ist die Antwort des Weisen.
»Aber wann ist denn der Augenblick gekommen?«, fragen die Schüler. Der Rabbi antwortet: »Wenn du in das Gesicht eines Menschen schaust und darin den Bruder oder die Schwester erkennst, dann ist die Nacht zu Ende, dann bricht der Tag an.«

Chassidische Geschichte

SEGENSGEBET

Herr, segne meine Hände, dass sie behutsam seien,
dass sie halten können, ohne zur Fessel zu werden,
dass sie geben können ohne Berechnung,
dass ihnen innewohne die Kraft zu trösten und zu segnen.

Herr, segne meine Ohren, dass sie deine Stimme
zu erhorchen vermögen, dass sie hellhörig seien
für die Stimme der Not, dass sie verschlossen seien
für den Lärm und das Geschwätz,
dass sie das Unbequeme nicht überhören.

Herr, segne meine Augen, dass sie Bedürftigkeit wahrnehmen,
dass sie das Unscheinbare nicht übersehen,
dass sie hindurchschauen durch das Vordergründige,
dass andere sich wohlfühlen können unter meinem Blick.

Herr, segne meinen Mund, dass er dich bezeuge,
dass nichts von ihm ausgehe, was verletzt und zerstört,
dass er heilende Worte spreche,
dass er Anvertrautes bewahre.

Herr, segne mein Herz, dass es Wohnstatt sei deinem Geist,
dass es Wärme schenken und bergen kann,
dass es reich sei an Verzeihung,
dass es Leid und Freude teilen kann.

Sabine Naegeli

SCHLUSSPSALM

Halleluja! Singt dem Herrn ein neues Lied.
Denn es ist wunderbar, dich, guter Gott,
mit einem neuen Lied zu überraschen.
In unseren Gottesdiensten soll endlich was los sein.
Weil deine Liebe überall ist.

Lasst uns tanzen und singen.
Nehmt Schellenring und Harfe,
Violinen und Kontrabässe,
Hammondorgel und die E-Gitarre.
Nehmt Schlagzeug und Soundprogramme,
und wenn ihr nichts findet,
schnippst mit den Fingern und blast auf dem Kamm.
Überall soll man uns hören!

Dankt Gott mit Chorälen und Sinfonien.
Lasst die ganze Welt erklingen.
Singt aus vollen Kehlen,
dass alle Traurigkeit hinweggefegt wird.
Lobt Gott mit eurem Lachen.
Lobt ihn mit Mozart, Bach und Bruckner.
Lobt ihn mit Jazz und Rock, mit Techno und Gospel.
Lobt ihn mit Blues oder erfindet etwas völlig Neues.

Alles, was atmen kann, lobe den Herrn.
Amen.

Quellennachweis

S. 22: Gerhard Schöne, Die blaue Ampel. Rechte beim Autor.
S. 23: Andrea Schwarz, »Wirklichkeit«. Aus: Andrea Schwarz, Bunter Faden Zärtlichkeit © Verlag Herder, Freiburg im Breisgau, 14. Auflage 2000
S. 36: Anthony de Mello, Jesus beim Fußball. Aus: Anthony de Mello, Warum der Vogel singt © Verlag Herder, Freiburg im Breisgau, 26. Auflage 2004
S. 48: Dietrich Bonhoeffer, Gott, zu dir rufe ich. Aus: Dietrich Bonhoeffer, Widerstand und Ergebung. © Chr. Kaiser/Gütersloher Verlagshaus GmbH, Gütersloh
S. 70: Anthony de Mello, Ein alter Mann. Aus: Anthony de Mello, Der Dieb im Wahrheitsladen © Verlag Herder, Freiburg im Breisgau, 2. Auflage 1998
S. 70: Und siehe, der Herr ging vorüber. Aus: Martin Buber, Die Schrift. © Gütersloher Verlagshaus GmbH, Gütersloh
S. 73: nach Anthony de Mello, Drei Boote. Aus: Anthony de Mello, Der Dieb im Wahrheitsladen © Verlag Herder, Freiburg im Breisgau, 2. Auflage 1998
S. 79: Sabine Naegeli, Am Ende meiner Tage. Rechte bei der Autorin.
S. 80: Anthony de Mello, Salzpuppengeschichte. Aus: Anthony de Mello, Der Dieb im Wahrheitsladen © Verlag Herder, Freiburg im Breisgau, 2. Auflage 1998
S. 91: Gerhard Schöne, Das Brot. Rechte beim Autor.
S. 93: Andrea Schwarz, Mit dir zusammen. Aus: Andrea Schwarz, Bunter Faden Zärtlichkeit © Verlag Herder, Freiburg im Breisgau, 14. Auflage 2000
S. 94: Sabine Naegeli, Segensgebet. Aus: Sabine Nägeli, Du hast mein Dunkel geteilt © Verlag Herder, Freiburg im Breisgau, 19. Auflage 2000

Alle anderen Texte wurden vom Herausgeber verfasst oder bearbeitet.

Wir haben uns bemüht, alle Inhaber von Textrechten in Erfahrung zu bringen. Für zusätzliche Hinweise sind wir dankbar.